毎日5分間でやる気脳に

このドリルは、国語の基礎・基本を細かいステップで組み立ててあり、短時間で、順を追って無理なく学習できます。

子どもたちが興味を持って取り組めるよう短い内容でのせています。

お子さんが1ページやり終えるごとに、しっかりほめてあげてください。

ほめられることで脳からドーパミン（脳のホルモン）が出て、「やる気が育つ」ことが科学的に確認されています。

「5分間国語ドリル」で、やる気脳を育てましょう！

「ドリルをする」
↓
「ほめられる」
↓
「ドーパミンが出る」
↓
「やる気が育つ」

この循環で、子どもの脳はきたえられ、かしこくなっていきます。
そうなるように工夫して、この作りました。

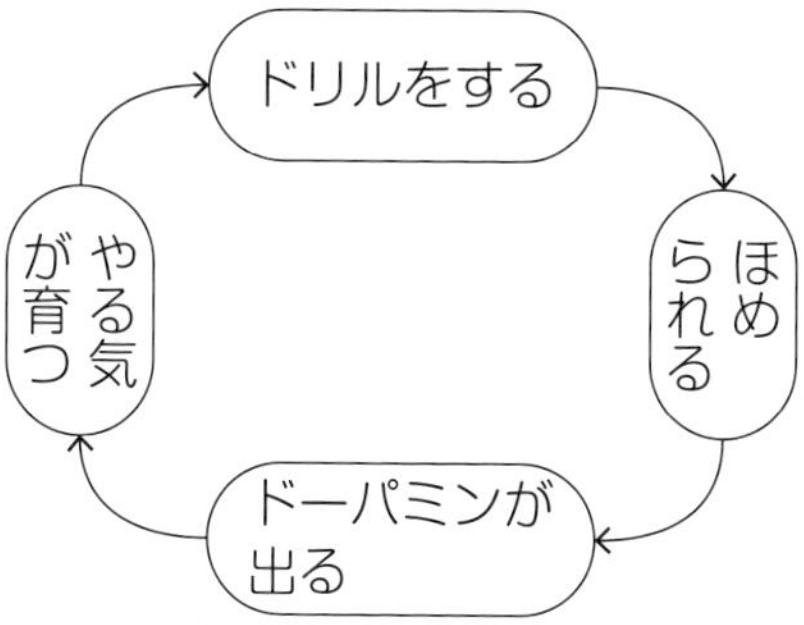

5分間国語ドリルの特色

一日5分、集中してできる

子どもたちが興味を示しそうな内容を短い文章・設問にしたので、楽しく取り組めます。

毎日続けられる

家庭学習の習慣がつきます。

丸つけも、かんたん

問題数が少ないので、丸つけも負担になりません。

つまった問題は、もう一度挑戦してください。

	タイトル	できた度				タイトル	できた度		
1	あいうえおの　ひょう ①	☆	☆☆	☆☆☆	21	くみに　なる　ことば (はんたいの ことば)	☆	☆☆	☆☆☆
2	あいうえおの　ひょう ②	☆	☆☆	☆☆☆	22	かたかなの　ひょう ①	☆	☆☆	☆☆☆
3	ひらがな　①	☆	☆☆	☆☆☆	23	かたかなの　ひょう ②	☆	☆☆	☆☆☆
4	ひらがな　②	☆	☆☆	☆☆☆	24	かたかな　①	☆	☆☆	☆☆☆
5	ひらがな　③	☆	☆☆	☆☆☆	25	かたかな　②	☆	☆☆	☆☆☆
6	ひらがな　④	☆	☆☆	☆☆☆	26	かたかな　③	☆	☆☆	☆☆☆
7	ひらがな　⑤	☆	☆☆	☆☆☆	27	かたかな　④	☆	☆☆	☆☆☆
8	「゛」と「゜」の　つく ことば	☆	☆☆	☆☆☆	28	かたかな　⑤	☆	☆☆	☆☆☆
9	「っ」の　つく ことば	☆	☆☆	☆☆☆	29	「。」と「、」	☆	☆☆	☆☆☆
10	はねる　おと 「ん」の つく ことば	☆	☆☆	☆☆☆	30	ていねいな　いいかた	☆	☆☆	☆☆☆
11	ながい　おと　①	☆	☆☆	☆☆☆	31	かんじ　①	☆	☆☆	☆☆☆
12	ながい　おと　②	☆	☆☆	☆☆☆	32	かんじ　②	☆	☆☆	☆☆☆
13	ねじれた おと ① ちいさい ゃ ゅ ょ	☆	☆☆	☆☆☆	33	かんじ　③	☆	☆☆	☆☆☆
14	ねじれた おと ② ちいさい ゃ ゅ ょ	☆	☆☆	☆☆☆	34	かんじ　④	☆	☆☆	☆☆☆
15	ねじれた おと ③ ちいさい ゃ ゅ ょ	☆	☆☆	☆☆☆	35	かんじ　⑤	☆	☆☆	☆☆☆
16	ねじれた おと ④ ちいさい ゃ ゅ ょ	☆	☆☆	☆☆☆	36	かんじ　⑥	☆	☆☆	☆☆☆
17	「わ」と「は」	☆	☆☆	☆☆☆	37	かんじ　⑦	☆	☆☆	☆☆☆
18	「お」と「を」	☆	☆☆	☆☆☆	38	かんじ　⑧	☆	☆☆	☆☆☆
19	「え」と「へ」	☆	☆☆	☆☆☆	39	かんじ　⑨	☆	☆☆	☆☆☆
20	なかまの　ことば	☆	☆☆	☆☆☆	40	かんじ　⑩	☆	☆☆	☆☆☆

	タイトル	できた度				タイトル	できた度		
41	かんじ　⑪	☆	☆☆	☆☆☆	61	だれでしょう　①	☆	☆☆	☆☆☆
42	かんじ　⑫	☆	☆☆	☆☆☆	62	だれでしょう　②	☆	☆☆	☆☆☆
43	かんじ　⑬	☆	☆☆	☆☆☆	63	いつでしょう　①	☆	☆☆	☆☆☆
44	かんじ　⑭	☆	☆☆	☆☆☆	64	いつでしょう　②	☆	☆☆	☆☆☆
45	かんじ　⑮	☆	☆☆	☆☆☆	65	どこでしょう　①	☆	☆☆	☆☆☆
46	かんじ　⑯	☆	☆☆	☆☆☆	66	どこでしょう　②	☆	☆☆	☆☆☆
47	かんじ　⑰	☆	☆☆	☆☆☆	67	なにでしょう　①	☆	☆☆	☆☆☆
48	かんじ　⑱	☆	☆☆	☆☆☆	68	なにでしょう　②	☆	☆☆	☆☆☆
49	かんじ　⑲	☆	☆☆	☆☆☆	69	どんなでしょう	☆	☆☆	☆☆☆
50	かんじ　⑳	☆	☆☆	☆☆☆	70	どんな　きもち	☆	☆☆	☆☆☆
51	かんじ　㉑	☆	☆☆	☆☆☆	71	モンシロチョウ	☆	☆☆	☆☆☆
52	かんじ　㉒	☆	☆☆	☆☆☆	72	イヌの　しっぽ	☆	☆☆	☆☆☆
53	かんじ　㉓	☆	☆☆	☆☆☆	73	サッカーは　どんな スポーツ	☆	☆☆	☆☆☆
54	かんじ　㉔	☆	☆☆	☆☆☆	74	ショートケーキ！	☆	☆☆	☆☆☆
55	かんじ　㉕	☆	☆☆	☆☆☆	75	ちきゅうは　どんな ほし？	☆	☆☆	☆☆☆
56	かんじ　㉖	☆	☆☆	☆☆☆	76	おりがみ	☆	☆☆	☆☆☆
57	かんじ　㉗	☆	☆☆	☆☆☆	77	よぞらの おつきさま	☆	☆☆	☆☆☆
58	かんじ　㉘	☆	☆☆	☆☆☆	78	ねんど いろいろ	☆	☆☆	☆☆☆
59	かんじ　㉙	☆	☆☆	☆☆☆	79	いろいろな だがっき	☆	☆☆	☆☆☆
60	かんじ　㉚	☆	☆☆	☆☆☆	80	キウイフルーツ	☆	☆☆	☆☆☆

1 あいうえおの ひょう ①

あいて いる ところに ひらがなを かきましょう。うすい もじを なぞりましょう。

あいうえおの ひょう

な	た	さ	か	あ
に		し	き	い
	つ		く	
				え
の		そ		

2　あいうえおの　ひょう　②

あいて　いる　ところに　ひらがなを　かきましょう。うすい　もじを　なぞりましょう。

あいうえおの　ひょう（つづき）

わ	ら	や	ま	は
	り			ひ
を		ゆ	む	
	れ			へ
ん		よ	も	

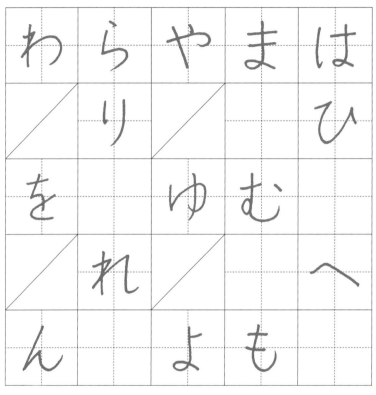

3 ひらがな ①

ひらがなを よんで □に かきましょう。

① あし

② いか

③ うめ

④ えさ

⑤ おなか

⑥ あいうえお

⑦ かさ

⑧ きく

⑨ くま

⑩ ける

⑪ こいぬ

⑫ かきくけこ

4 ひらがな ②

ひらがなを　よんで　□に　かきましょう。

① さる

② しか

③ すし

④ せみ

⑤ そうこ

⑥ さしすせそ

⑦ たこ

⑧ ちる

⑨ つえ

⑩ てつ

⑪ とけい

⑫ たちつてと

5 ひらがな ③

ひらがなを よんで □に かきましょう。

① なつ

② にく

③ ぬま

④ ねつ

⑤ のはら

⑥ なにぬねの

⑦ はな

⑧ ひる

⑨ ふね

⑩ へそ

⑪ ほたる

⑫ はひふへほ

6 ひらがな ④

ひらがなを　よんで　□に　かきましょう。

① まち

② みそ

③ むし

④ めす

⑤ もうふ

⑥ まみむめも

⑦ やま

⑧ ゆき

⑨ よる

⑩ や（い）ゆ（え）よ

7 ひらがな ⑤

ひらがなを　よんで　□に　かきましょう。

①
らく

②
りす

③
るす

④
れい

⑤
ろうか

⑥
らりるれろ

⑦
わに

⑧
てをあらう

⑨
てん

⑩
わ（い）（う）（え）を

ん

8 「゛」と「゜」の つく ことば

えを みて、□に あう じを かきましょう。

①
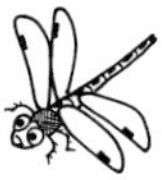
と ん □

②
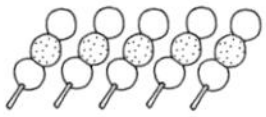
□ ん □

③
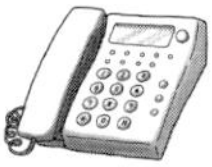
□ ん わ

④
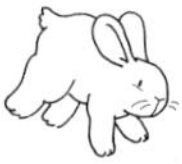
う さ □

⑤
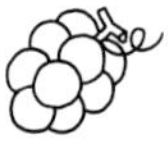
□ □ う

⑥
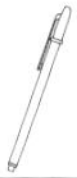
□ ん

⑦
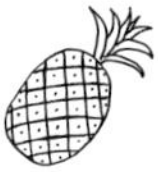
□ い ん

⑧
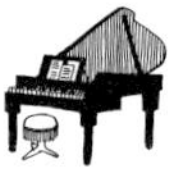
□ あ の

⑨

□ ん □

⑩

□ り ん

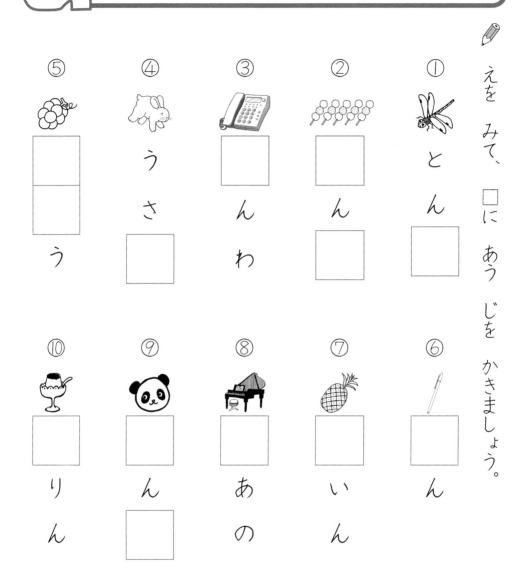

9 「っ」の つく ことば

えを みて、□に あう じを かきましょう。

①

は □っ □

②

か □ □

③

こ □ □

④

ば □ □

⑤

ら □ □

⑥

□ □ ど

⑦

ら □ こ

⑧

□ □ た

⑨

ば □ ぐ

⑩

き □ て

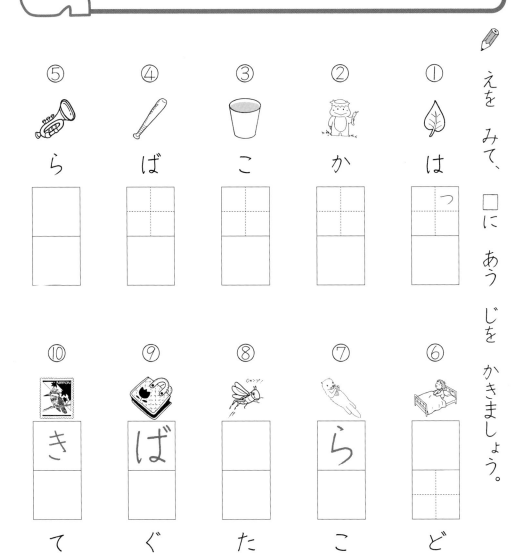

10 はねる おと 「ん」の つく ことば

えを みて、□に あう じを かきましょう。

① 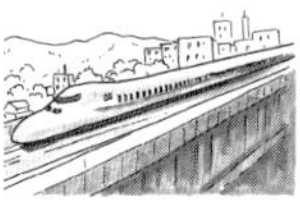

しん□□□□

② 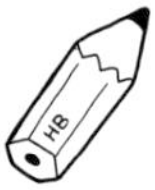

え□□□

③ 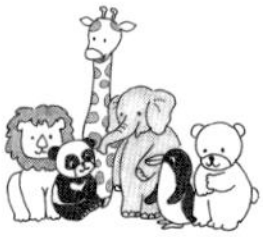

どう□□□ん

④ 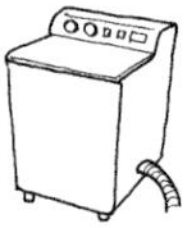

せ□□□き

⑤ 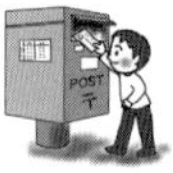

ゆう□□ぽ□□

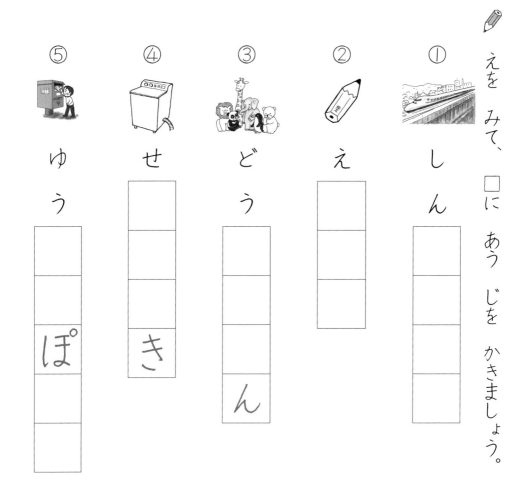

11 ながい おと ①

えを みて、□に あう じを かきましょう。

① 

おか［あ］さん

② 

おと□さん

③ 

おば□さん

④ 

おじ□さん

⑤ 

おね□さん

わたし

12 ながい　おと ②

ひらがなを　よんで　じを　なぞりましょう。

とおくの

こおりの

おおくの

こおろぎ

とおずつ

おおきな

うえを

おおかみ

おいかけ

とおった

13 ねじれた おと ① ちいさい ゃ ゅ ょ

1 ひらがなを よんで、じを なぞりましょう。

きゃ きゅ きょ しゃ しゅ しょ

ちゃ ちゅ ちょ

2 えを みて、□に あう じを かきましょう。

①

□□う

②

③

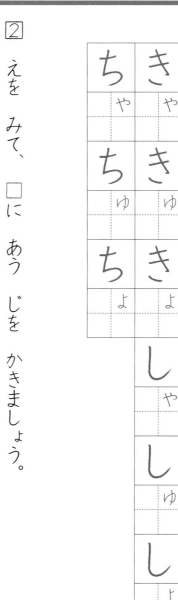

ねじれた おと ② ちいさい ゃ ゅ ょ

1 ひらがなを よんで、じを なぞりましょう。

にゃ　にゅ　にょ

みゃ　みゅ　みょ

ひゃ　ひゅ　ひょ

2 えを みて、□に あう じを かきましょう。

①

□□□□えん

②

に□□□□ぐも

③

□□□ゃく

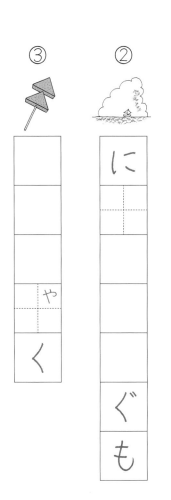

15 ねじれた おと ③ ちいさい ゃ ゅ ょ

1 ひらがなを よんで、じを なぞりましょう。

りゃ りゅ りょ

ぎゃ ぎゅ ぎょ

じゃ じゅ じょ

2 えを みて、□に あう じを かきましょう。

①

□□□け□

②

□□□□う

③

き□□□□

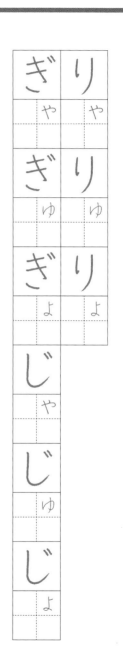

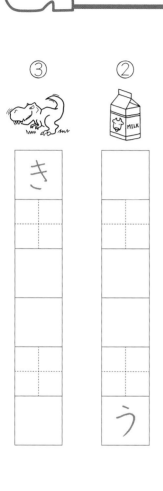

16 ねじれた おと ④ ちいさい ゃ ゅ ょ

1 ひらがなを よんで、じを なぞりましょう。

びゃ
びゅ
びょ

ぴゃ
ぴゅ
ぴょ

2 えを みて、□に あう じを かきましょう。

①
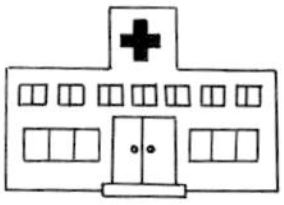

②

ぴゅうま

③

さん び

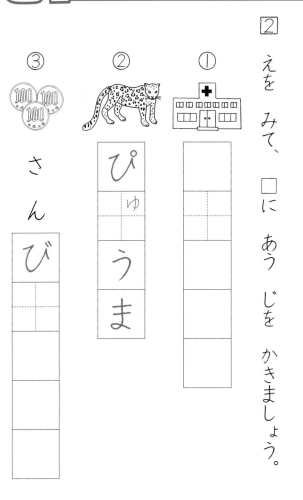

17 「わ」と「は」

□に、「わ」か「は」を　かきましょう。

① □に□に、□とが　に□います。

② この□んかち□、だれのかな。

③ □たし□、いちねんせい。

④ □な□、きれいです。

⑤ □にのくち□、おおきいです。

18 「お」と「を」

□に「お」か「を」を かきましょう。

① こ□ろぎが ないた。

② □とうと□ □こす。

③ □みやげ□ かいました。

④ □ちゃ□ のみました。

⑤ □にごっこ□ しました。

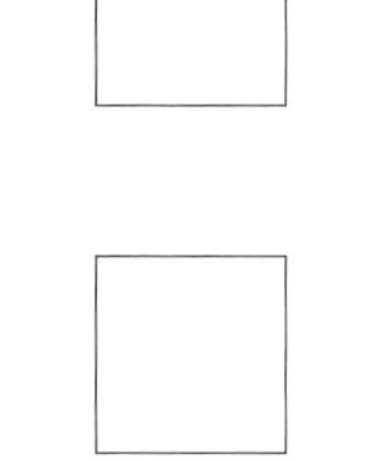

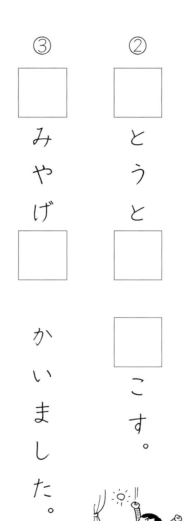

19 「え」と「へ」

□に「え」か「へ」をかきましょう。

① □ほんをよみました。

② がっこう□いきます。

③ やま□□んそくにいった。

④ か□るに□そはありません。

⑤ □き□むか□にいった。

20 なかまの　ことば

□から「なかまの　ことば」を　えらんで　かきましょう。

きせつ
① はる（　　）（　　）（　　）

どうぶつ
② くま（　　）（　　）（　　）

いろ
③ しろ（　　）（　　）（　　）

くだもの
④ みかん（　　）（　　）（　　）

くろ　さる　ぶどう　いぬ　みどり　なつ　りんご　うさぎ　あき　あお　ふゆ　いちご

21 くみに なる ことば（はんたいの ことば）

[ ]から「はんたいの ことば」を えらんで かきましょう。

① まえ ↔ （　　）

② した ↔ （　　）

③ ひだり ↔ （　　）

④ ちかい ↔ （　　）

⑤ ながい ↔ （　　）

みぎ　うしろ　とおい　みじかい　うえ

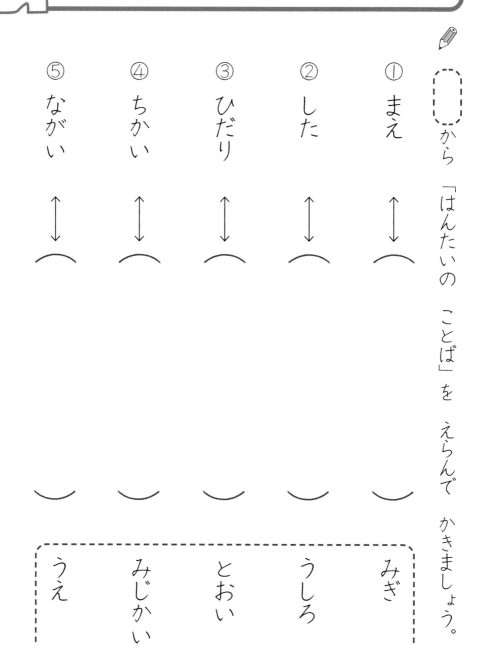

22 かたかなの　ひょう　①

あいて　いる　ところに　かたかなを　かきましょう。うすい　もじを　なぞりましょう。

アイウエオの　ひょう

ナ	タ	サ	カ	ア
ニ		シ	キ	
	ツ		ク	
				エ
ノ		ソ		

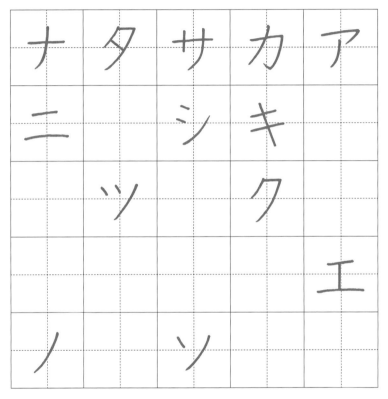

23 かたかなの ひょう ②

あいて いる ところに かたかなを かきましょう。うすい もじ を なぞりましょう。

アイウエオの　ひょう（つづき）

ワ	ラ	ヤ	マ	ハ
	リ			
ヲ			ム	
	レ			ヘ
ン		ヨ	モ	

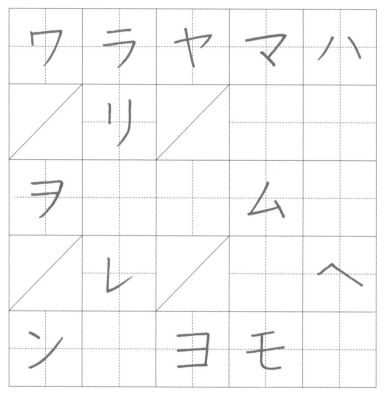

24 かたかな ①

えを みて、□に あう かたかなを かきましょう。

①

あいろん
ア

②

りぼん

③
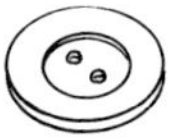
ぼたん

④

えぷろん

⑤

おるがん

⑥

からす

⑦

きゃべつ
ャ

⑧
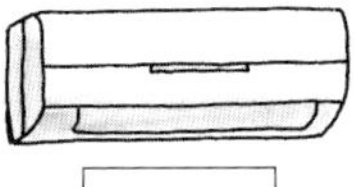
くうらあ
ー ー

⑨
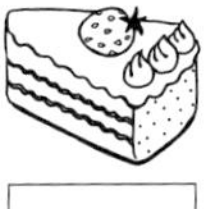
けえき
ー

⑩

こすもす

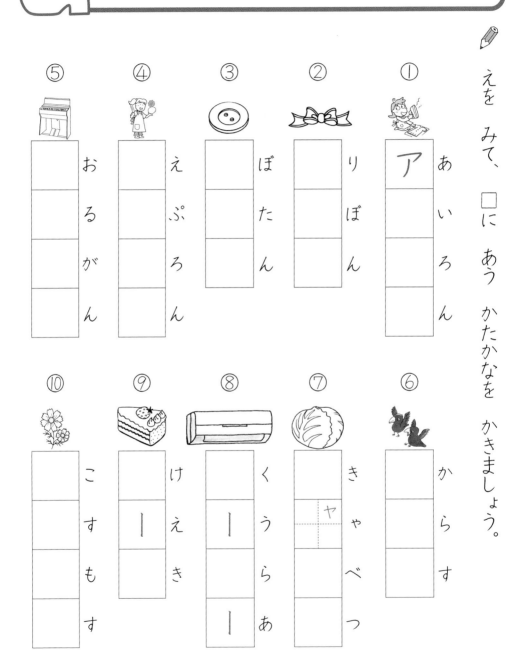

25 かたかな ②

えを みて、□に あう かたかなを かきましょう。

①

さっかあ

②

らいおん

③

すりっぱ

④

せえたあ

⑤

そおだ

⑥

たんぽぽ

⑦

ちいず

⑧

さあかす

⑨

てんと

⑩

とらっく

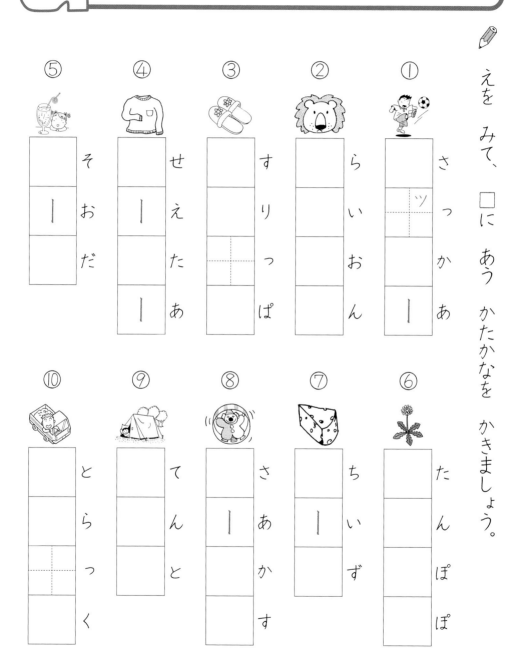

26 かたかな ③

えを みて、□に あう かたかなを かきましょう。

①

りゅっく
□□□□

②

にゅうす
□□ー□

③

ぬうどる
□ー□□

④

ねくたい
□□□□

⑤

のおと
□ー□

⑥

はあと
□ー□

⑦

ひいたあ
□ー□ー

⑧
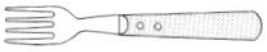
ふぉおく
□□□□

⑨

ぺっと
□□□

⑩

ぼおと
□ー□

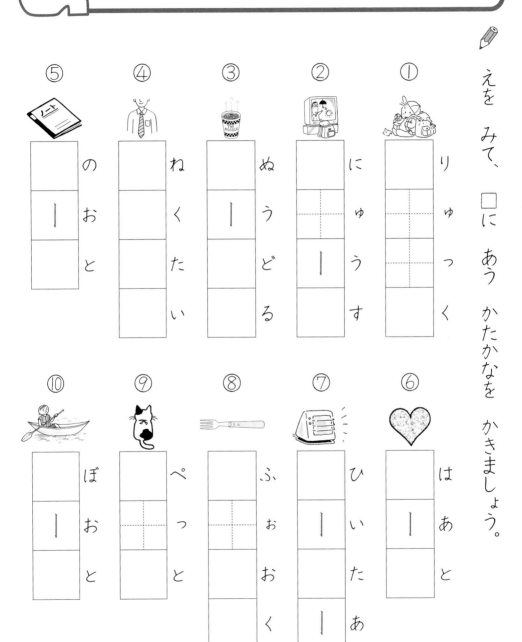

27 かたかな ④

えを みて、□に あう かたかなを かきましょう。

①
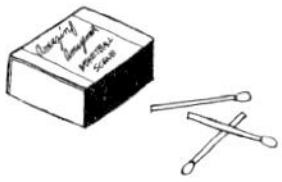
まっち

②
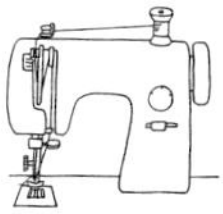
みしん

③

むうん（ー）

④

めろん

⑤

もでる

⑥

やぎ

⑦

ゆうふぉお（ー、ー）

⑧

よっと

⑨
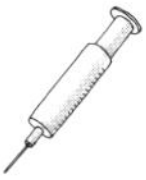
わくちん

⑩

まじっく

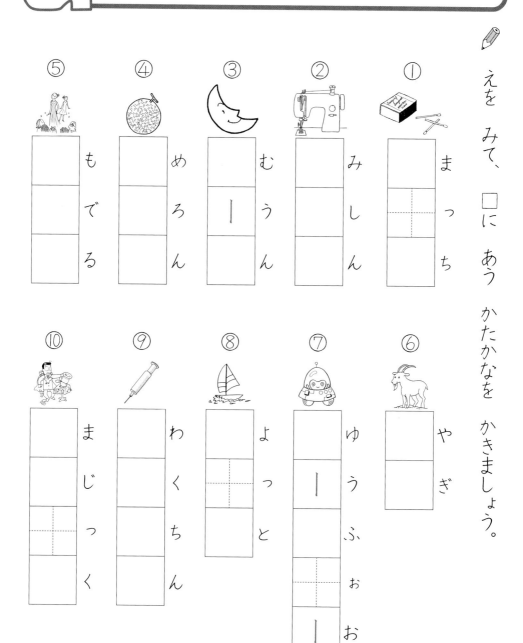

28 かたかな ⑤

えを みて、□に あう かたかなを かきましょう。

①

らじお

②

だんす

③

るびい
ー

④

れもん

⑤

ろけっと

⑥

もっぷ

⑦

どらごん

⑧

げえむ
ー

⑨
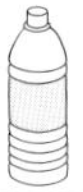
ぼとる

⑩

ぱんだ

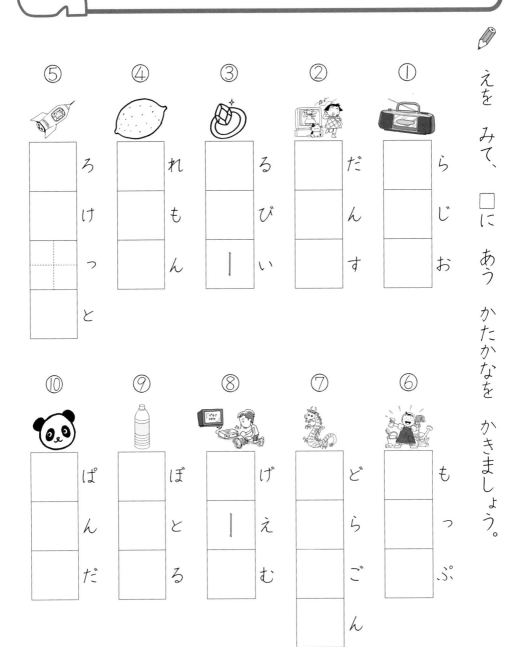

29 「。」と「、」

1 「。」と 「、」の つけかたが ただしい ほうに ○を かきましょう。

① ㋐（　　） わたしは、ごはんを たべました。

　 ㋑（　　） わたしは。ごはんを たべました、

② ㋐（　　） ぼくは。おふろに はいった、

　 ㋑（　　） ぼくは、おふろに はいった。

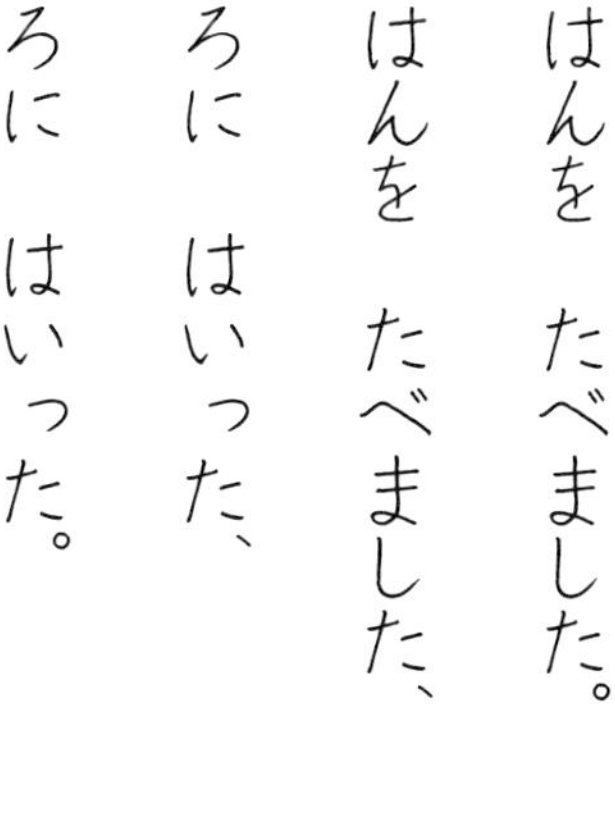

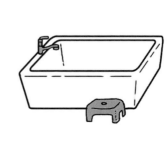

2 つぎの ぶんに 「。」と 「、」を ひとつずつ かきましょう。

① わたしは げんきに あるきました

② おとうとは おばあちゃんの いえに いきました

③ おかあさんは チューリップが だいすきです

30 ていねいな　いいかた

[1] ていねいな　いいかたを　して　いる　ほうに　○を　かきましょう。

① ㋐（　　）わたしは、こくごが　とくいです。

㋑（　　）わたしは、こくごが　とくいだ。

② ㋐（　　）ねこが、やねの　うえに　いた。

㋑（　　）ねこが、やねの　うえに　いました。

[2] ――の　ことばを　ていねいな　いいかたに　なおしましょう。

① おにごっこを　**した**。（　　）

② ぎゅうにゅうを　**のむ**。（　　）

③ うみで　**およいだ**。（　　）

31 かんじ ①

（　）に かんじの よみがなを かき、□には かんじを かきましょう。

① 正月（　　）の天気（　　）。

② 七（　）ひきの子（　）やぎ。

③ 白（　）い貝（　）がら。

④ 百円（　　）玉（　）を入れる。

□《しょう》□《がつ》

□《しち》ひき

□《かい》がら

□《ひゃく》□《えん》□《だま》

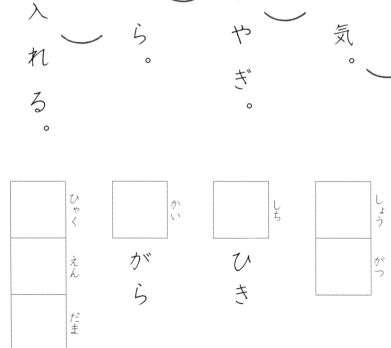

32 かんじ ②

□に あう かんじを かきましょう。

① □《しょう》□《がつ》の□《てん》□《き》。

② □《しち》ひきの□《こ》やぎ。

③ □《しろ》い□《かい》がら。

④ □《ひゃく》□《えん》□《だま》を□《い》れる。

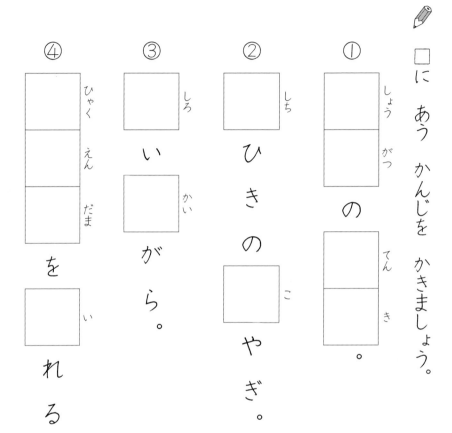

33 かんじ ③

（　）に かんじの よみがなを かき、□には かんじを かきましょう。

① （　　）上下と（　　）左右。

② （　　）大男の（　　）気もち。

③ （　　）町立の（　　）中学校。

④ （　　）青空を（　　）見上げる。

① □《じょう》□《げ》

② □《おお》□《おとこ》

③ □《ちょう》□《りつ》

④ □《あお》□《ぞら》

34 かんじ ④

□に あう かんじを かきましょう。

① □《じょう》□《げ》と□《さ》□《ゆう》。

② □《おお》□《おとこ》の□《き》もち。

③ □《ちょう》□《りつ》の□《ちゅう》□《がっ》□《こう》。

④ □《あお》□《ぞら》を□《み》□《あ》げる。

35 かんじ ⑤

（　）に かんじの よみがなを かき、□には かんじを かきましょう。

① 山（　）の 火（　）じ。

□《やま》の □《か》じ

② 足（　）で 青竹（　）を ふむ。

□《あお》□《だけ》

③ 早（　）ね 早（　）おき。

□《はや》おき

④ 虫（　）の 王（　）さま。

□《おう》さま

36 かんじ ⑥

□に あう かんじを かきましょう。

① □《やま》の□《か》じ。

② □《あし》で□《あお》□《だけ》をふむ。

③ □《はや》ね□《はや》おき。

④ □《むし》の□《おう》さま。

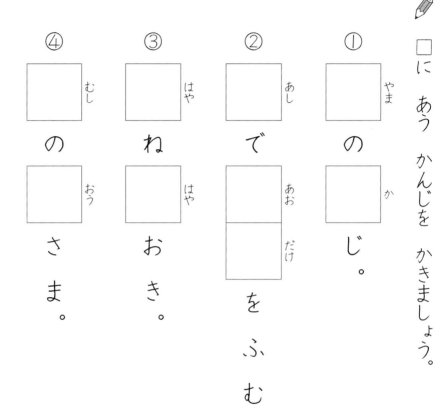

37 かんじ ⑦

（　）に かんじの よみがなを かき、□には かんじを かきましょう。

①（　　）三本の（　）糸。

②（　）土よう（　）日は（　）雨だ。

③（　）力を（　）出す。

④（　　）十名の（　　）一年生。

□《さん》□《ぼん》

□《ど》よう□《び》

□《だ》す

□《じゅう》□《めい》

38 かんじ ⑧

□に あう かんじを かきましょう。

① □《さん》□《ぼん》の□《いと》。

② □《ど》よう□《び》は□《あめ》だ。

③ □《ちから》を□《だ》す。

④ □《じゅう》□《めい》の□《いち》□《ねん》□《せい》。

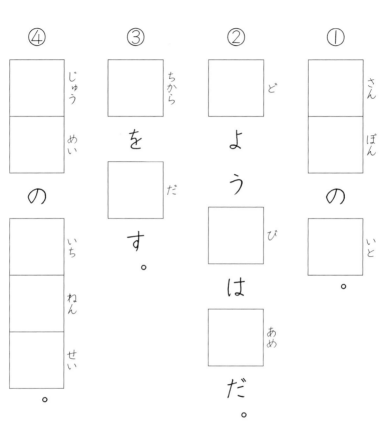

39 かんじ ⑨

（　）に かんじの よみがなを かき、□には かんじを かきましょう。

① 花火（　　）の 音（　　）。

② 日本（　　）の 文字（　　）。

③ 赤（　　）と 青（　　）の 糸（　　）。

④ 男女（　　）で うみに 出（　　）る。

□《はな》□《び》

□《も》□《じ》

□《あか》と□《あお》

□《だん》□《じょ》

40 かんじ ⑩

□に あう かんじを かきましょう。

① □《はな》□《び》の□《おと》。

② □《に》□《ほん》の□《も》□《じ》。

③ □《あか》と□《あお》の□《いと》。

④ □《だん》□《じょ》でうみに□《で》る。

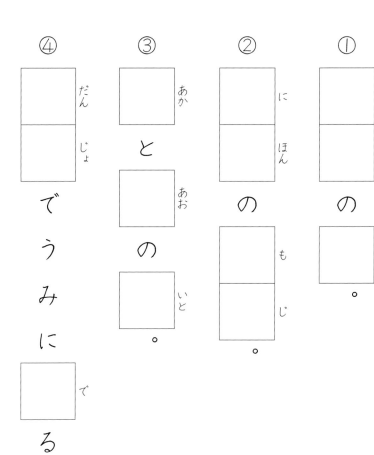

41 かんじ ⑪

（　）に かんじの よみがなを かき、□には かんじを かきましょう。

① 早（　）いでん車（　）。

② 力（　）は百人力（　）。

③ 竹林（ち　）で一休み（　）。

④ 口（　）の中（　）が赤（　）い。

でん□《しゃ》

□《ひゃく》□《にん》□《りき》

□《ひと》□《やす》み

□《くち》の□《なか》

42 かんじ ⑫

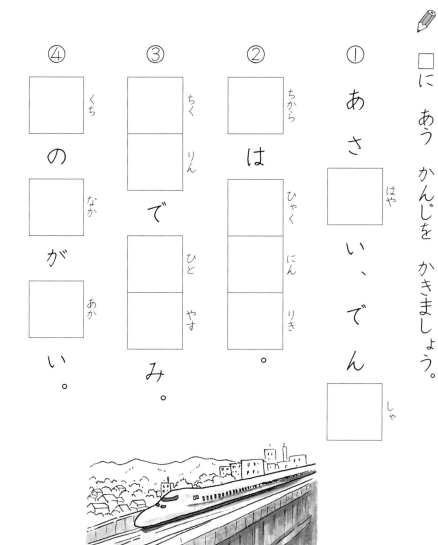

□に あう かんじを かきましょう。

① あさ□《はや》い、でん□《しゃ》

② □《ちから》は□《ひゃく》□《にん》□《りき》。

③ □《ちく》□《りん》で□《ひと》□《やす》み。

④ □《くち》の□《なか》が□《あか》い。

43 かんじ ⑬

（　）に かんじの よみがなを かき、□には かんじを かきましょう。

①（　）森の（　）中に（　）入る。

②（　）右手と（　）左手。

③（　）学校の（　）先生。

④（　）女子と（　）男子。

①□《もり》の□《なか》

②□《みぎ》□《て》

③□《がっ》□《こう》

④□《じょ》□《し》

かんじ ⑭

□に あう かんじを かきましょう。

① □《もり》の □《なか》に □《はい》る。

② □《みぎ》□《て》と □《ひだり》□《て》。

③ □《がっ》□《こう》の □《せん》□《せい》。

④ □《じょ》□《し》と □《だん》□《し》。

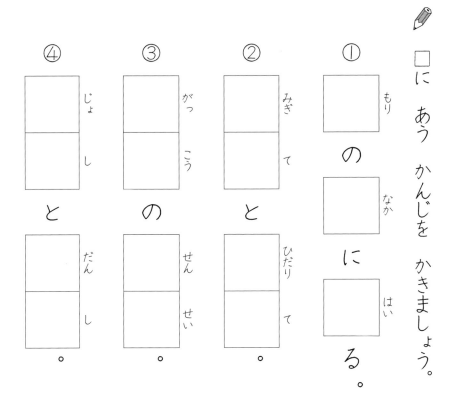

45 かんじ ⑮

（　）に　かんじの　よみがなを　かき、□には　かんじを　かきましょう。

①（　）水を（　）一口のむ。

②（　）火の（　）手が（　）上がる。

③（　）四つの（　）小石。

④（　）大きな（　）目玉。

□《ひと》□《くち》

□《ひ》の□《て》

□《こ》□《いし》

□《め》□《だま》

46 かんじ ⑯

□に あう かんじを かきましょう。

① □《みず》を □《ひと》□《くち》 のむ。

② □《ひ》の □《て》が □《あ》がる。

③ □《よっ》つの □《こ》□《いし》。

④ □《おお》きな □《め》□《だま》。

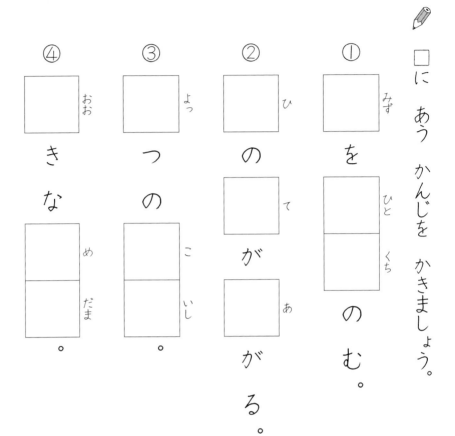

47 かんじ ⑰

（　）に かんじの よみがなを かき、□には かんじを かきましょう。

① 七人（　）の 小人（　）。

② 森林（　）の 草花（　）。

③ 水車（　）の ある 川（　）。

④ 二（　）ひきの 子犬（　）。

① □《しち》□《にん》

② □《しん》□《りん》

③ □《すい》□《しゃ》

④ □《こ》□《いぬ》

48 かんじ ⑱

□に あう かんじを かきましょう。

① □《しち》□《にん》の □《こ》□《びと》。

② □《しん》□《りん》の □《くさ》□《ばな》。

③ □《すい》□《しゃ》の ある □《かわ》。

④ □《に》ひきの 子《こ》□《いぬ》。

49 かんじ ⑲

（　）に かんじの よみがなを かき、□には かんじを かきましょう。

① 八本（ぽん）の 足（　　）。

② 金（　　）よう 日（　　）は 休日（　　）。

③ 六月（　　）の 草（　　）げん。

④ 入口（　　）と 出口（　　）。

① □《はっ》□《ぽん》

② □《きゅう》□《じつ》

③ □《ろく》□《がつ》

④ □《で》□《ぐち》

50 かんじ ⑳

□に あう かんじを かきましょう。

① □《はっ》□《ぽん》の□《あし》。

② □《きん》よう□《び》は□《きゅう》□《じつ》。

③ □《ろく》□《がつ》の□《そう》げん。

④ □《いり》□《ぐち》と□《で》□《ぐち》。

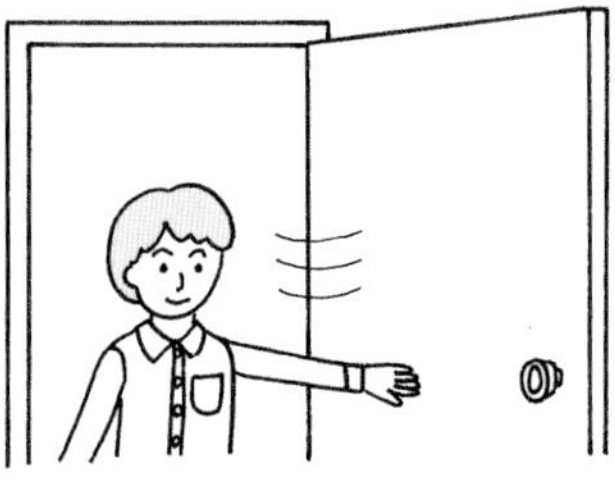

51 かんじ ㉑

（　）に かんじの よみがなを かき、□には かんじを かきましょう。

① 九十（　）八円。（　）

② 小川（　）の 水草（　）。

③ 白（　）いじどう車（　）。

④ 空（　）に 三日月（　）。

□《きゅう》□《じゅう》□《はち》□《えん》

□《お》□《がわ》

じどう□《しゃ》

□《み》□《か》□《づき》

52 かんじ ㉒

□に あう かんじを かきましょう。

① □《きゅう》□《じゅう》□《はち》□《えん》。

② □《お》□《がわ》の□《みず》□《くさ》。

③ □《しろ》いじどう□《しゃ》。

④ □《そら》に□《み》□《か》□《づき》。

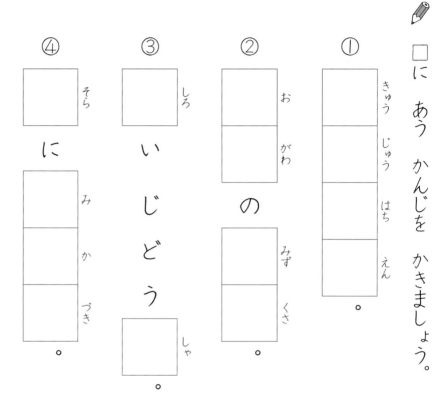

53 かんじ ㉓

（　）に かんじの よみがなを かき、□には かんじを かきましょう。

① 水田（　　）の 小石（　　）。

□《すい》□《でん》

② 山村（　　）の 学校（　　）。

□《がっ》□《こう》

③ 中学生（　　）の 男子（　　）。

□《だん》□《し》

④ 入力（　　）と 出力（　　）。

□《にゅう》□《りょく》

54 かんじ ㉔

□に あう かんじを かきましょう。

① □《すい》□《でん》の□《こ》□《いし》。

② □《さん》□《そん》の□《がっ》□《こう》。

③ □《ちゅう》□《がく》□《せい》の□《だん》□《し》。

④ □《にゅう》□《りょく》と□《しゅつ》□《りょく》。

55 かんじ ㉕

（　）に かんじの よみがなを かき、□には かんじを かきましょう。

① 花見（　）と 月見（　）。

② 白玉《だま》と 赤玉（　）。

③ 名人（　）の 右足（　）。

④ 夕立（　）の 音（　）。

① □《はな》□《み》

② □《しろ》□《だま》

③ □《めい》□《じん》

④ □《ゆう》□《だち》

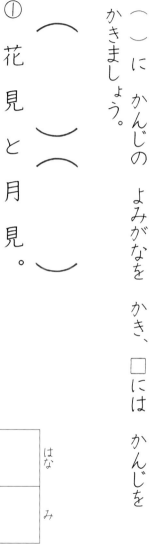

56 かんじ ㉖

□に あう かんじを かきましょう。

① □《はな》□《み》と □《つき》□《み》。

② □《しろ》□《だま》と □《あか》□《だま》。

③ □《めい》□《じん》の □《みぎ》□《あし》。

④ □《ゆう》□《だち》の □《おと》。

57 かんじ ㉗

（　）に　かんじの　よみがなを　かき、□には　かんじを　かきましょう。

① 四（　　）本（　　）の　大（　　）木（　　）。

② 目（　　）立（　　）つ　貝（　　）がら。

③ 二（　　）千（　　）人（　　）の　村（　　）。

④ 金（　　）いろの　夕（　　）日（　　）。

① □《たい》□《ぼく》

② □《め》□《だ》つ

③ □《に》□《せん》□《にん》

④ □《ゆう》□《ひ》

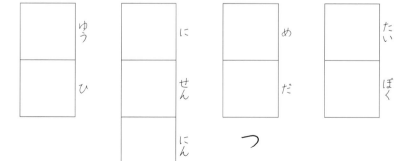

58 かんじ ㉘

□に あう かんじを かきましょう。

① □《よん》□《ほん》の□《たい》□《ぼく》。

② □《め》□《だ》つ□《かい》がら。

③ □《に》□《せん》□《にん》の□《むら》。

④ □《きん》いろの□《ゆう》□《ひ》。

59 かんじ ㉙

（　）に かんじの よみがなを かき、□には かんじを かきましょう。

① 七（　）五三の おや子（　）。

② 町（　）の お金（　）もち。

③ うさぎの 耳（　）が 立（　）つ。

④ 土手（　）の 生（　）きもの。

①　□《しち》□《ご》□《さん》

②　お□《かね》

③　□《た》つ

④　□《ど》□《て》

かんじ ㉚

□に あう かんじを かきましょう。

① □《しち》□《ご》□《さん》の おや□《こ》。

② □《まち》の お□《かね》もち。

③ うさぎの □《みみ》が □《た》つ。

④ □《ど》□《て》の □《い》きもの。

61 だれでしょう①

① りささんが、 あくびを しました。

② ゆうすけさんが、 サッカーボールを けりました。

③ るいさんが、 プールで およぎました。

④ つばささんが、 よるに しゅくだいを しました。

① あくびを したのは、 だれですか。

（　　　　さん）

② サッカーボールを けったのは、 だれですか。

（　　　　さん）

③ プールで およいだのは、 だれですか。

（　　　　さん）

④ よるに しゅくだいを したのは、 だれですか。

（　　　　さん）

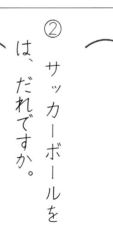

62 だれでしょう②

① おじいさんは、やまへ　しばかりに　いきました。

② おばあさんは、ももを　みつけました。

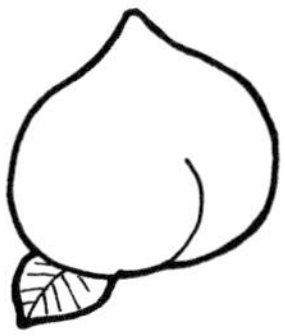

③ かにどんは、かきの　きを　みあげました。

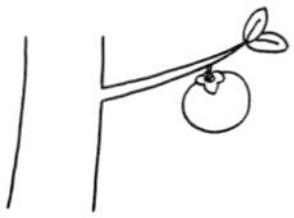

④ おじぞうさまが、そりを　ひいて　やって　きました。

---

① しばかりに　いったのは、だれですか。

（　　　　　　　　）

② ももを　みつけたのは、だれですか。

（　　　　　　　　）

③ かきの　きを　みあげたのは、だれですか。

（　　　　　　　　）

④ そりを　ひいて　やって　きたのは、だれですか。

（　　　　　　　　）

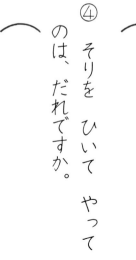

63 いつでしょう①

① 一月三日《いちがつみっか》に　はつもうでに　いきました。

② 二月十四日《にがつじゅうよっか》に、チョコを　あげました。

③ よるに　なると、おかあさんが　かえって　きました。

④ ふゆに　なると、ゆきが　たくさん　ふります。

---

① はつもうでに　いったのは、いつですか。

（　　　　）

② チョコを　あげたのは、いつですか。

（　　　　）

③ おかあさんが　かえって　きたのは、いつですか。

（　　　　）

④ ゆきが　たくさん　ふるのは、いつですか。

（　　　　）

64 いつでしょう②

① かようびに、おまつりが　ありました。

② 三《さん》じかんめに、たいいくが　ありました。

③ よる、たぬきが　やってきて、いたずらを　しました。

④ あきに　なると、くりの　みが　たくさん　できました。

---

① おまつりが　あったのは、いつですか。

（　　　　　　）

② たいいくが　あったのは、いつですか。

（　　　　　　）

③ たぬきが　やって　きたのは、いつですか。

（　　　　　　）

④ くりの　みが　たくさん　できたのは、いつですか。

（　　　　　　）

65 どこでしょう①

① みおさんは、うんどうじょうで あそびました。

② アントニオさんは、としょしつに いきました。

③ キムさんは、どうぶつえんに いきました。

④ マリアさんは、おばあちゃんの いえに いきました。

---

① みおさんは、どこで あそびましたか。

（　　　　　　　　）

② アントニオさんは、どこに いきましたか。

（　　　　　　　　）

③ キムさんは、どこに いきましたか。

（　　　　　　　　）

④ マリアさんは、どこに いきましたか。

（　　　　　　　　）

66 どこでしょう②

① ねこの　トラは、ほごねこカフェから　きました。

② おとうとは、スーパーへ　おかしを　かいに　いきました。

③ わたしは、ふゆやすみに、えいがかんに　いきました。

④ デパートで、くつを　かいました。

---

① トラは、どこから　きましたか。

（　　　　）

② おとうとは、どこへ、おかしを　かいに　いきましたか。

（　　　　）

③ わたしは、ふゆやすみに　どこに　いきましたか。

（　　　　）

④ どこで、くつを　かいましたか。

（　　　　）

67 なにでしょう①

① わたしは、ながぐつを　はいて　がっこうに　いきました。

② みんなは、こうしゃの　おくじょうから　まちの　ようすを　みました。

③ さるは、かきの　みを　なげました。

④ おかあさんは、いちばで　やさいを　かいました。

---

① わたしが　はいて　いたのは、なんですか。

（　　）

② みんなが　みたのは、なんですか。

（　　）

③ さるが　なげたのは、なんですか。

（　　）

④ おかあさんが　かったのは、なんですか。

（　　）

68 なにでしょう②

① おじさんは、 にわで はなを つんできました。

② きのう、 てがみが とどきました。

③ すなはまで、 うみがめを みつけました。

④ ちいちゃんと おかあさんは、 そらを みあげました。

---

① おじさんは、 なにを つんできましたか。

（　　　　）

② きのう とどいたのは、 なんですか。

（　　　　）

③ すなはまで、 なにを みつけましたか。

（　　　　）

④ ちいちゃんと おかあさんが みあげたのは、 なんですか。

（　　　　）

69 どんなでしょう

① おじいさんは、おいしそうな おむすびを たべようと しました。

② ベンチの したから、かわいらしい こねこの かおが のぞきました。

③ きゅうに、つめたい かぜが ふいて きました。

④ あめあがりの そらに、きれいな にじが でました。

---

① どんな おむすびですか。

（　　　　　　　　）おむすび

② どんな こねこの かおですか。

（　　　　　　　　）こねこの かお

③ どんな かぜですか。

（　　　　　　　　）かぜ

④ どんな にじですか。

（　　　　　　　　）にじ

70　どんな　きもち

① おかあさんが　にっこりしたので、りょうは　うれしくなりました。

② いえに　だれも　いなかったので、ゆかは　さびしくなりました。

③ せんせいに　しかられて、ゆうたは　かなしくなりました。

④ ともだちが　あそびに　きたので、みきは　たのしくなりました。

---

① りょうは、どんな　きもちに　なりましたか。

（　　　　）きもち

② ゆかは、どんな　きもちに　なりましたか。

（　　　　）きもち

③ ゆうたは、どんな　きもちに　なりましたか。

（　　　　）きもち

④ みきは、どんな　きもちに　なりましたか。

（　　　　）きもち

71 モンシロチョウ

はるに　なると、のはらや　はたけに　モンシロチョウが　とびはじめます。モンシロチョウは、はなのみつを　すいます。

でも、ようちゅうが　たべるのはキャベツなどの　はっぱです。

たまごは　きいろで、うまれたばかりの　ようちゅうは　きいろですが、はっぱを　たべて、みどりいろに　なります。

① モンシロチョウが　とびはじめるのは、いつですか。

（　　　　　　　　　　）

② モンシロチョウは、なにを　すいますか。

（　　　　　　　　　　）

③ ようちゅうが　たべるのは、なんですか。

（　　　　　　　　　　）

④ うまれたばかりの　ようちゅうは、なにいろですか。

（　　　　　　　　　　）

72 イヌの　しっぽ

イヌは、しっぽを　よく　うごかします。

しっぽの　うごきを　みると、イヌの　きもちが　わかります。

イヌが　しっぽを　おおきく　ふって　いるのは、うれしい　ときです。

しっぽを　さげて　うしろあしに　はさんで　いるときは、こわがって　いる　ときです。

イヌの　きもちを　たいせつに　して、かわいがって　あげたいですね。

---

① イヌは　なにを　よく　うごかしますか。

（　　　　）

② イヌの　しっぽの　うごきを　みると、イヌの　なにが　わかりますか。

（　　　　）

③ しっぽを　おおきく　ふって　いる　ときは、どんな　ときですか。

（　　　　）

④ しっぽを　さげて　うしろあしに　はさんで　いるときは、どんな　ときですか。

（　　　　）

73 サッカーは　どんな　スポーツ

サッカーは、一《いっ》チーム　十一人《じゅういちにん》で　おこなわれる　スポーツです。

サッカーは　とても　にんきの　ある　スポーツで、せかいじゅうの　二百《にひゃく》を　こえる　くにで　プレーされて　います。

あいての　ゴールに　ボールを　いれると、とくてんに　なります。

そんな　サッカーは、イギリスで　うまれました。

---

① 一チーム　なんにんで　おこなわれますか。

（　　　　）

② せかいじゅうの　どれくらいの　くにで　プレーされて　いますか。

（　　　　）を　こえる　くに

③ なにに　ボールを　いれると　とくてんに　なりますか。

あいての（　　　　）

④ どこの　くにで　うまれましたか。

（　　　　）

74 ショートケーキ！

　ケーキと　いえば、いちごが　のって　いる　ショートケーキを　おもいうかべる　ひとも　おおい　ことでしょう。

　この　ショートケーキは、にほんで　うまれました。

　ショートとは、もともと「サクサクした」と　いう　いみですが、がいこくから　つたえられた　とき　にほんじんの　くちに　あうように　ふわふわの　スポンジケーキが　つかわれたのです。

---

① なにが　のった　ショートケーキを　おもいうかべる　ひとが　おおいですか。

（　　　　　　）

② ショートケーキは、どこで　うまれましたか。

（　　　　　　）

③ ショートとは、もともと　どんな　いみですか。

（　　　　　　）

④ ショートケーキには、なにが　つかわれましたか。

ふわふわの（　　　　　　）

75 ちきゅうはどんなほし？

わたしたちは、ちきゅうと いう ほしに すんで います。

ちきゅうは、ボールのような かたちを して います。

うちゅうから みると、ちきゅうは まるく みえます。

あおい ところは うみで、しろい ところは くもです。

ちきゅうには くうきが あります。

くうきの おかげで、わたしたちは いきて います。

① ちきゅうは、どんな かたちを して いますか。

（　　　　）かたち

② うちゅうから みると、ちきゅうは どう みえますか。

（　　　　）みえる。

② あおい ところは、なんですか。

（　　　　）

③ ちきゅうには、なにが あると かいて いますか。

（　　　　）

76 おりがみ

あなたは、おりがみで　つるを　おることが　できますか。

つるや、ふうせん、かぶと、かえるなど、いろいろな　かたちに　できるのが、たのしい　ところですね。

おりかたは　やまおり、たにおり、なかわりおりなどが　あります。

十一《じゅういち》（11）がつ十一（11）にちは　おりがみの　ひです。四《よっ》つの一《いち》（1）を　あわせると、おりがみの　かたちに　なるからです。

① おりがみで　どんな　ものが　おれますか。一《ひと》つ　かきましょう。

（　　　　）

② どんな　おりかたが　ありますか。二《ふた》つ　かきましょう。

（　　　　）（　　　　）

③ おりがみの　ひは、いつですか。

（　　　　）

77 よぞらの おつきさま

よぞらに うかんで いる おつきさま。ほそかったり まんまるだったり、いろいろな かたちを して います。

つきは、たいようの ひかりを はんしゃして ひかって います。まんげつの ときには、にほんでは うさぎの もようが みえます。

おなじ もようでも、がいこくでは かにや いぬ、わになどに みえるそうです。

---

① つきは、なにを はんしゃして ひかって いますか。

（　　）

② まんげつの とき、にほんでは どんな もようが みえますか。

（　　）

③ がいこくでは、なにに みえますか。三《みっ》つ かきましょう。

（　　）

（　　）

（　　）

78 ねんど いろいろ

あなたは、ねんどあそびが すきですか。

ねんどは いろいろな ものを つくる ことが できて、たのしいですね。

ねんどには、つちねんど、かみねんどなどの しゅるいが あります。

つちねんどは、かわいても かたまらないので、なんどでも つくりなおす ことが できます。

かみねんどは、かわくと かたまって しまいます。

でも、かみねんどは いろを ぬる ことが できます。

---

① ねんどには どんな しゅるいが ありますか。二《ふた》つ かきましょう。

（　　　　）（　　　　）

② つちねんどは、どんな ことが できますか。

（　　　　）

③ かみねんどは、かわくと どう なりますか。

（　　　　）

79 いろいろな だがっき

がっきには、いろいろな しゅるいが あります。けんばんがっきや、もっかんがっきなどが あります。
タンブリンや トライアングルは だがっきと いいます。
カスタネットも だがっきです。
カスタネットは、きで つくられた がっきです。
くりのような かたちの 二《に》まいの きを うちならして おとを だします。
スペインで よく つかわれて います。

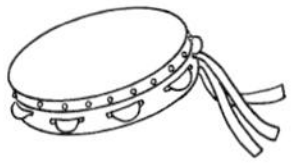

① タンブリンや トライアングルは、なんと いう がっきですか。
（　　　　）

② カスタネットは、なにで つくられて いますか。
（　　　　）

③ カスタネットは、なんまいの きで おとを だしますか。
（　　　　）

④ カスタネットは、どこの くにで よく つかわれて いますか。
（　　　　）

80 キウイフルーツ

キウイフルーツを　たべた　ことが　ありますか。

あまずっぱくて、おいしい　くだものです。

もともとは　ちゅうごくの　くだものですが、ニュージーランドから　にほんに　たくさん　はこばれて　きます。

グリーンキウイや　ゴールドキウイなどの　しゅるいが　あります。

キウイと　いう　なまえは、ニュージーランドの　とりの　なまえから　つけられました。

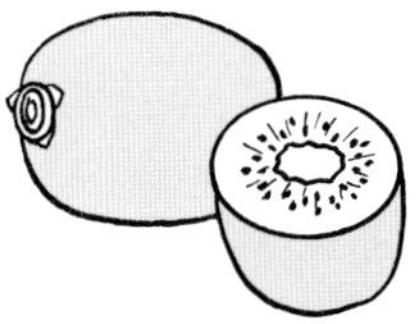

① キウイフルーツは、もともと　どこの　くにの　くだものですか。

（　　　　）

② どこの　くにから　たくさん　はこばれて　きますか。

（　　　　）

③ キウイは、どんな　しゅるいが　ありますか。二つ　かきましょう。

（　　　　）（　　　　）

④ キウイと　いう　なまえは、なんの　なまえから　つけられましたか。

（　　　　）

答え

1

な	た	さ	か	あ
に	ち	し	き	い
ぬ	つ	す	く	う
ね	て	せ	け	え
の	と	そ	こ	お

2

わ	ら	や	ま	は
	り		み	ひ
を	る	ゆ	む	ふ
	れ		め	へ
ん	ろ	よ	も	ほ

3
① あし
② いか
③ うめ
④ えさ
⑤ おなか
⑥ あいうえお
⑦ かさ
⑧ きく
⑨ くま
⑩ ける
⑪ こいぬ
⑫ かきくけこ

4
① さる
② しか
③ すし
④ せみ
⑤ そうこ
⑥ さしすせそ
⑦ たこ
⑧ ちる
⑨ つえ
⑩ てつ
⑪ とけい
⑫ たちつてと

5
① なつ
② にく
③ ぬま
④ ねつ
⑤ のはら
⑥ なにぬねの
⑦ はな
⑧ ひる
⑨ ふね
⑩ へそ
⑪ ほたる
⑫ はひふへほ

6
① まち
② みそ
③ むし
④ めす
⑤ もうふ
⑥ まみむめも
⑦ やま
⑧ ゆき
⑨ よる
⑩ や・ゆ・よ

答え

7
① らく
② りす
③ るす
④ れい
⑤ ろうか
⑥ らりるれろ
⑦ わに
⑧ てをあらう
⑨ てん
⑩ わ・を　ん

8
① とんぼ
② だんご
③ でんわ
④ うさぎ
⑤ ぶどう
⑥ ぺん
⑦ ぱいん
⑧ ぴあの
⑨ ぱんだ
⑩ ぷりん

9
① はっぱ
② かっぱ
③ こっぷ
④ ばっと
⑤ らっぱ
⑥ べっど
⑦ らっこ
⑧ ばった
⑨ ばっぐ
⑩ きって

10
① しんかんせん
② えんぴつ
③ どうぶつえん
④ せんたくき
⑤ ゆうびんぽすと

11
① おかあさん
② おとうさん
③ おばあさん
④ おじいさん
⑤ おねえさん

12 （こたえは　ありません）

13
1 （こたえは　ありません）
2 ① ちょう
② しょうぼうしゃ
③ きゅうきゅうしゃ

14
1 （こたえは　ありません）
2 ① ひゃくえん
② にゅうどうぐも
③ こんにゃく

15
1 （こたえは　ありません）
2 ① じゃんけん
② ぎゅうにゅう
③ きょうりゅう

答え

16 1 （こたえは　ありません）

2 ① びょういん

② ぴゅうま

③ さんびゃくえん

17 ① にわに、はとが　にわいます。

② このはんかちは、だれのかな。

③ わたしは、いちねんせい。

④ はなは、きれいです。

⑤ わにのくちは、おおきいです。

18 ① こおろぎが　ないた。

② おとうとを　おこす。

③ おみやげを　かいました。

④ おちゃを　のみました。

⑤ おにごっこを　しました。

19 ① えほんを　よみました。

② がっこうへ　いきます。

③ やまへ　えんそくに　いった。

④ かえるに　へそは　ありません。

⑤ えきへ　むかえに　いった。

20

①	なつ	あき	ふゆ
②	さる	いぬ	うさぎ
③	くろ	みどり	あお
④	ぶどう	りんご	いちご

21 ① うしろ

② うえ

③ みぎ

④ とおい

⑤ みじかい

22

ナ	タ	サ	カ	ア
ニ	チ	シ	キ	イ
ヌ	ツ	ス	ク	ウ
ネ	テ	セ	ケ	エ
ノ	ト	ソ	コ	オ

23

ワ	ラ	ヤ	マ	ハ
ヲ	リ	／	ミ	ヒ
ン	ル	ユ	ム	フ
	レ	／	メ	ヘ
	ロ	ヨ	モ	ホ

24 ① アイロン

② リボン

③ ボタン

④ エプロン

⑤ オルガン

⑥ カラス

⑦ キャベツ

⑧ クーラー

⑨ ケーキ

⑩ コスモス

答え

25 ① サッカー
② ライオン
③ スリッパ
④ セーター
⑤ ソーダ
⑥ タンポポ
⑦ チーズ
⑧ サーカス
⑨ テント
⑩ トラック

26 ① リュック
② ニュース
③ ヌードル
④ ネクタイ
⑤ ノート
⑥ ハート
⑦ ヒーター
⑧ フォーク
⑨ ペット
⑩ ボート

27 ① マッチ
② ミシン
③ ムーン
④ メロン
⑤ モデル
⑥ ヤギ
⑦ ユーフォー
⑧ ヨット
⑨ ワクチン
⑩ マジック

28 ① ラジオ
② ダンス
③ ルビー
④ レモン
⑤ ロケット
⑥ モップ
⑦ ドラゴン
⑧ ゲーム
⑨ ボトル
⑩ パンダ

29 1 ①㋐（○）
②㋑（○）
2 ① わたしは、げんきに　あるきました。
② おとうとは、おばあちゃんの　いえに　いきました。
③ おかあさんは、チューリップが　だいすきです。

30 1 ①㋐（○）
②㋑（○）
2 ① しました
② のみました
③ およぎました

答え

31 ① しょうがつ　てんき
正月
② しち（ひき）　こ（やぎ）
七
③ しろ（い）　かい（がら）
貝
④ ひゃくえんだま　い（れる）
百円玉

32 ① 正月　天気
② 七（ひき）　子（やぎ）
③ 白（い）　貝（がら）
④ 百円玉　入（れる）

33 ① じょうげ　さゆう
上下
② おおおとこ　き（もち）
大男
③ ちょうりつ　ちゅうがっこう
町立
④ あおぞら　みあ（げる）
青空

34 ① 上下　左右
② 大男　気（もち）
③ 町立　中学校
④ 青空　見上(げる)

35 ① やま　か（じ）
山　火（じ）
② あし　あおだけ
青竹
③ はや（ね）　はや（おき）
早（おき）
④ むし　おう（さま）
王（さま）

36 ① 山　火（じ）
② 足　青竹
③ 早（ね）　早（おき）
④ 虫　王（さま）

37 ① さんぼん　いと
三本
② ど（よう）び　あめ
土（よう）　日
③ ちから　だ（す）
出（す）
④ じゅうめい　いちねんせい
十名

38 ① 三本　糸
② 土（よう）日　雨
③ 力　出（す）
④ 十名　一年生

答え

39 ① はなび　おと
花火
② にほん　もじ
文字
③ あか　あお　いと
赤　青
④ だんじょ　で（る）
男女

40 ① 花火　音
② 日本　文字
③ 赤　青　糸
④ 男女　出

41 ① はや（い）（でん）しゃ
（でん）車
② ちから　ひゃくにんりき
百人力
③ ちくりん　ひとやす（み）
一休(み)
④ くち　なか　あか（い）
口　中

42 ① 早（い）　（でん）車
② 力　百人力
③ 竹林　一休（み）
④ 口　中　赤（い）

43 ① もり　なか　はい（る）
森　中
② みぎて　ひだりて
右手
③ がっこう　せんせい
学校
④ じょし　だんし
女子

44 ① 森　中　入（る）
② 右手　左手
③ 学校　先生
④ 女子　男子

45 ① みず　ひとくち
一口
② ひ（の）て　あ（がる）
火（の）手
③ よっ（つ）　こいし
小石
④ おお（きな）　めだま
目玉

46 ① 水　一口
② 火（の）手　上（がる）
③ 四（つ）　小石
④ 大（きな）　目玉

答え

47 ① しちにん　こびと
七人
② しんりん　くさばな
森林
③ すいしゃ　かわ
水車
④ に（ひき）こいぬ
子犬

48 ① 七人　小人
② 森林　草花
③ 水車　川
④ 二（ひき）子犬

49 ① はっぽん　あし
八本
② きん（よう）び　きゅうじつ
休日
③ ろくがつ　そう（げん）
六月
④ いりぐち　でぐち
出口

50 ① 八本　足
② 金（よう）日　休日
③ 六月　草（げん）
④ 入口　出口

51 ① きゅうじゅうはちえん
九十八円
② おがわ　みずくさ
小川
③ しろ（い）（じどう）しゃ
（じどう）車
④ そら　みかづき　三日月

52 ① 九十八円
② 小川　水草
③ 白（い）（じどう）車
④ 空　三日月

53 ① すいでん　こいし
水田
② さんそん　がっこう
学校
③ ちゅうがくせい　だんし
男子
④ にゅうりょく　しゅつりょく
入力

54 ① 水田　小石
② 山村　学校
③ 中学生　男子
④ 入力　出力

答え

55
① はなみ　つきみ
花見
② しろだま　あかだま
白玉
③ めいじん　みぎあし
名人
④ ゆうだち　おと
夕立

56
① 花見　月見
② 白玉　赤玉
③ 名人　右足
④ 夕立　音

57
① よんほん　たいぼく
大木
② めだ（つ）　かい（がら）
目立（つ）
③ にせんにん　むら
二千人
④ きん（いろ）　ゆうひ
夕日

58
① 四本　大木
② 目立（つ）　貝（がら）
③ 二千人　村
④ 金（いろ）　夕日

59
① しちごさん　こ
七五三
② まち　（お）かね
（お）金
③ みみ　た（つ）
立（つ）
④ どて　い（きもの）
土手

60
① 七五三　子
② 町　（お）金
③ 耳　　　立（つ）
④ 土手　生（きもの）

61
① りささん
② ゆうすけさん
③ るいさん
④ つばささん

62
① おじいさん
② おばあさん
③ かにどん
④ おじぞうさま

63
① 一月三日
② 二月十四日
③ よる
④ ふゆ

答え

64 ① かようび
② 三じかんめ
③ よる
④ あき

65 ① うんどうじょう
② としょしつ
③ どうぶつえん
④ おばあちゃんの　いえ

66 ① ほごねこカフェ
② スーパー
③ えいがかん
④ デパート

67 ① ながぐつ
② まちの　ようす
③ かきの　み
④ やさい

68 ① はな
② てがみ
③ うみがめ
④ そら

69 ① おいしそうな
② かわいらしい
③ つめたい
④ きれいな

70 ① うれしい
② さびしい
③ かなしい
④ たのしい

71 ① はる
② はなのみつ
③ （キャベツなどの）はっぱ
④ きいろ

72 ① しっぽ
② イヌの　きもち
③ うれしい　とき
④ こわがっている　とき

73 ① 十一人
② 二百
③ ゴール
④ イギリス

74 ① いちご
② にほん
③ サクサクした
④ スポンジケーキ

75 ① ボールの　ような
② まるく
③ うみ
④ くうき

答え

76 ① つる　ふうせん　かぶと
かえる　(一つ)
② やまおり　たにおり
なかわりおり　(二つ)
③ 十一月十一日

77 ① たいようの　ひかり
② うさぎ
③ かに　いぬ　わに

78 ① つちねんど　かみねんど
② なんどでも　つくりなおす　ことが
できる。
③ かたまって　しまう（かたまる）

79 ① だがっき
② き
③ 二まい
④ スペイン

80 ① ちゅうごく
② ニュージーランド
③ グリーンキウイ、ゴールドキウイ
④ （ニュージーランドの）とり